¿QUIÉN CREES QUE ERES?

Ken Harper

Revisado el 9-22

Revisado el 9-22

Libro por Truth Ministries

Autor Ken Harper

Alliance, Ohio 44601

krh44601@gmail.com

Truth Ministries

"*Conocer la Verdad y la Verdad os hará libres*".

Juan 8: 31-32

Creador/Autor

Embajador Ken Harper

2 Corintios 5: 20

Sin el estímulo y el apoyo de mi familia, este proyecto de escritura nunca habría tenido lugar. El crédito de mi inspiración es para el Espíritu Santo, que vive dentro de mí. Él me ha dado los pensamientos y ha producido las palabras que honran y glorifican al Padre, al Hijo y al Dios Todopoderoso.

Un agradecimiento especial a mi revisor y editor final, que me llevó a la escuela para enseñarme el uso correcto del lenguaje y mis habilidades en la presentación de este manuscrito.

Muchas gracias a los que han participado en la realización de este manuscrito. Quiero agradecer a un antiguo pastor sus sugerencias para mejorar el contenido y el mensaje.

Muchas gracias a los amigos que se tomaron el tiempo de previsualizar y corregir el primer borrador.

Las posibilidades son infinitas para una persona que puede tomar una palabra o un verso de la escritura y escribir un libro completo sobre ella, eso es impresionante. ¡Dale a Dios la gloria!

Estilo de escritura conversacional

No soy un escritor tradicional. No me adhiero a los estilos de escritura tradicionales. Elijo ser un no-tradicionalista. Elijo escribir en una presentación conversacional impulsada por lo que se oye, lo que se ve, lo que se ve en los medios de comunicación y la búsqueda en la web.

Bienvenido a una nueva forma de escritura con la que quizá no esté familiarizado. La escritura conversacional es un estilo de escritura informal. La elección de palabras, la estructura de las frases y otros elementos dan el efecto de que alguien está charlando con el lector. Hay menos reglas cuando se escribe de forma conversacional. Los lectores son más tolerantes a los errores gramaticales.

Utilizar el estilo de escritura conversacional significa que escribes como hablas. Es como tener una conversación de tú a tú con otra persona.

ÍNDICE DE CONTENIDOS

INTRODUCCIÓN:

¡Una búsqueda de la identidad y el sentido de la vida!

Este libro se basa en lo que se sabe y no se sabe. El estilo de escritura pretende desafiar a los que se clasifican como intelectuales, psicólogos y filósofos. El autor utiliza frases repetidas para desafiar a los lectores preguntándoles lo que creen saber en este momento y que tal vez lo que creen saber en este momento no sea lo que realmente saben. Se aconseja a los lectores que tengan un lápiz y un papel a mano y que tomen notas mientras leen el manuscrito (véase la página de notas, preguntas y respuestas en el anexo).

Hoy en día hay más de 7.500 millones de personas en la tierra. Aproximadamente 150.000 morirán diariamente. Una pregunta para ti que lleva el contexto de este manuscrito de principio a fin es simplemente: ¿Quién te crees que eres? ¿Cómo sabes quién eres? ¿Quién te lo ha dicho?

¿Cuál es el fundamento en el que basas tus decisiones? Una palabra clave que se repite a lo largo de este manuscrito es Fundación. Para algunos, las palabras o frases repetitivas pueden crear desagrado en el gusto de la literatura que normalmente leen. La intención de este autor es mantener el interés desde el principio hasta el final de este libro. El reto aquí sería similar al de volver a la escuela después de un largo descanso. Eso es lo que hará un buen profesor para asegurarse de que los estudiantes se mantienen comprometidos para transmitir el mensaje. Aquellos que se sitúan en un plano superior de razonamiento intelectual pueden encontrar este reto demasiado difícil de manejar.

Sería casi imposible que alguien que leyera este manuscrito de principio a fin saliera de él sin obtener una nueva perspectiva sobre cómo responder a la pregunta inicial. "¿Quién te crees que eres?" Una secuela de esta pregunta podría ser: "¿Quién se creen los demás que eres?". Esto podría ser más interesante que la primera pregunta. ¿Quién te observa? ¿Dios o los demás?

¿Quién crees que eres?

Si eres feliz y lo sabes, estupendo. Sin embargo, si eres infeliz y no eres consciente de ello, ¡es hora de hacer las cosas bien!

Déjame presentarte a Fred. Él representa la conciencia. Fred aporta preguntas a la conversación. Fred proporciona respuestas que hacen reflexionar sobre mi punto de vista a lo largo de este libro.

Entonces, Fred, ¿quién eres? ¿Cómo lo sabes? ¿A quién le vas a preguntar? Te sugiero que le preguntes al que te hizo. Ahora, ¿quién es ese? Bien, ¿me lo vas a decir?

Fred, la gente de verdad lo sabe. OK entonces, "¿Quiénes son las personas reales? " Fred, si buscas Real People en el sitio web de Google y haces clic en Urban Dictionary, descubrirás que Real People son aquellos que no toman parte en la hipocresía y las mentiras para entender quiénes son. Tienen los pies en la tierra, y están presentes en cada momento porque no están tratando de entender la agenda de otra persona, ni se preocupan por la suya propia. (Diccionario Urbano)

La gente de verdad conoce la "Verdad". La gente de verdad se da cuenta de que conocer la Verdad les hace libres. Libres de preguntarse siempre. Las personas reales saben quiénes son porque tienen un fundamento sólido y concreto que les da la seguridad de saber quiénes son. Las personas reales saben que su fundamento está construido sobre roca sólida, inamovible e innegable. La gente de verdad sabe que nadie puede mover o alterar esa roca. Las personas de verdad saben que todas las demás personas carecen de un fundamento sólido y perecerán. La roca sólida existe desde el principio de los tiempos. La roca está a disposición de cualquiera para responder a la mayor pregunta de la vida: ¿Quién soy y por qué estoy aquí? Los que han encontrado ese fundamento de roca sólida ya no buscan la respuesta a las dos preguntas anteriores.

Muchos han tratado de refutar la realidad de la roca sólida y han fracasado. La roca sólida ha sido maltratada por muchos que han tratado de destruirla, pero han fracasado. La roca ha sido desgarrada, quemada, orinada, maldecida y escupida. Los intentos de descolorar la roca han sido inútiles y han fracasado.

La gente de verdad sabe lo que sabe porque sabe lo que sabe. Las personas reales no son perfectas. Las personas reales muchas veces son vistas como creyentes hipócritas. Los no creyentes miran constantemente a la gente real a través de lentes de desprecio, deseando que la gente real cometa un error y actúe como ellos para demostrarse a sí mismos que la gente real no es diferente en absoluto. Cuando las personas reales muestran fallos en su armadura, bajando la guardia, los no creyentes creen que las personas reales no son en absoluto personas reales, sino que están fingiendo.

Los auténticos falsos miran, critican y cuestionan constantemente a las personas auténticas simplemente por celos, ignorancia y desconocimiento de la verdad real.

Entonces, ¿quién es usted? ¿Cómo lo sabes? ¿A quién se lo vas a preguntar? Pregúntale al que te hizo. Ahora, ¿quién es?

Fred, la gente real conoce los orígenes de la vida. La credibilidad para conocer nuestros orígenes viene por el Libro de la Roca Sólida llamado la Biblia. Buscando en el primer capítulo del libro del Génesis, encontramos el registro de los orígenes de la vida. Tu vida fue creada por Dios y así es como entraste al mundo.

¡Desnudo, viniste al mundo, y Desnudo, dejarás este mundo! ¿Quién te dijo que estabas desnudo? Eso es bastante obvio, ¿no crees? A menos que estés ciego, todo el mundo sabe que un bebé viene al mundo desnudo.

Entonces, ¿qué significa la "desnudez"? Representa nuestra condena y privación. ¿Qué sucede después? ¿Quién te vistió? ¿Quién te ha dicho cómo debes pensar? Aquellos que no saben quiénes son, pasarán el resto de sus vidas buscando la manera de cubrir su desnudez como una forma de ignorar quién los hizo y por qué. Como recién nacido, lo que se recuerda primero es el tacto, luego la voz y después ser cubierto con ropa. Todo en la vida se le está proporcionando. Primero, la alimentación para ayudarte a desarrollar los sentidos. No podías entender, pero empezabas a reconocer los sonidos de las voces y a experimentar los diferentes toques y lo que representaban. Comienzas a explorar tus necesidades mediante el llanto y los resultados de la búsqueda de atención. Tu llanto fue el primer acto de ser Tú. Llorabas cuando querías algo. ¿Pero todavía no sabes quién eres? Entonces, ¿a quién le vas a preguntar?

Entonces, ¿a dónde vamos desde aquí? Como lector, probablemente ya lo sabes, ¿no? Lo sabes, porque lo sabes. Sí, lo sabes. No necesitas preguntarle a alguien quién eres porque lo has descubierto por ti mismo. ¿Estoy en lo cierto? Entonces, ¿cómo lo hiciste? Mientras crecías, empezaste a observar los comportamientos y las características de los demás, y a identificarte con los que te gustaban y se ajustaban a tu estilo. Por lo tanto, te adaptaste para ser como ellos.

Fred, ¿no es la vida grandiosa, especialmente cuando empiezas a tomar el control de tus circunstancias? La primera característica emocional repetitiva que desarrollaste fue llorar. La siguiente característica de comportamiento que desarrollaste fue negarte a tomar la comida que no te gustaba moviendo la cabeza. Luego llegó la explosión de palabras profanas, "NO". A partir de ese momento, eras alguien a tener en cuenta. ¿La pesadilla de los padres? ¿Si o no?

Una de las virtudes básicas que aprende un niño es que lo que ocurre en la vida deriva de los estímulos.

¿Qué son los estímulos?

Fred, el estímulo también conocido como estímulo, viene a ti desde el momento en que naces. Todo el aprendizaje proviene de los estímulos que afectan a tu vista y se transfieren a tu cerebro y alimentan tus deseos. Todos los demás sentidos siguen el mismo patrón: oír, sentir, saborear, etc. Todos los estímulos son asimilados y almacenados en tu memoria. Cada decisión que tomas es producto de la entrada fundacional de los vastos estímulos que recoges. Lo que ves, oyes, sientes, tocas, etc. no puede ser descartado como un evento de aprendizaje emocional que podría ser eliminado. Todos los estímulos se almacenan para toda la vida.

Las decisiones sobre quién eres son representativas de todos los estímulos aprendidos a los que has estado expuesto en tu vida. Nuestra vida comenzó en algún lugar. Un pensamiento que nunca se te escapa es querer saber el sentido de la vida. A lo largo de los años de desarrollo, aceptas y rechazas ideas en tu búsqueda de quién eres. Todas las decisiones tomadas desde el nacimiento reflejan los cinco sentidos que te dio el creador. El descubrimiento de quién eres es un reto.

Fred, hay otro pensamiento que debes considerar cuando descubres la naturaleza del desarrollo detrás de descubrir Quién Eres. Debes considerar las influencias del entorno en el que creciste. Naces con una Mente y deseos. Ambos trabajan juntos para discernir lo que aceptas o rechazas sobre quién eres realmente.

¿Quién te dio estos deseos? ¿Quién te dio tu mente? Esa es la pregunta oculta que inicia tu búsqueda de una razón para vivir. Algunos encuentran una respuesta plausible, otros se dejan llevar por lo que les dicen o ven, y otros deciden sin pruebas. La satisfacción en la vida proviene de saber quién eres y aceptar la verdad fundamental.

¿Has averiguado cómo sabes quién eres realmente? Realmente no es un misterio. El Creador de ti y de todo el mundo en el que vives está vivo y observa todos tus movimientos. La decisión más sabia que puedes tomar es dejar de negar quién es Él. Él está contigo las 24 horas del día, día y noche, noche y día. Incluso puedes etiquetarlo como un ser supremo, y un ser que es. ¿Quién más puede crear el sol, la luna, las estrellas, el aire que respiras, la lluvia, la nieve, los terremotos, y más? Tantas cosas buenas creadas para ti, y sin embargo quieres negar a un creador. La ignorancia es esencial para los que no creen y no quieren creer. A pesar del intelectualismo, muchos niegan la existencia de Dios. A juicio de Dios, todos los que niegan su existencia son tontos. La locura del humanismo se celebra cada año el 1 de abrilst . Los intelectuales se describen a sí mismos como ateos, humanistas, panteístas e incluso cristianos. Lo creas o no, muchos de los que se autodenominan cristianos no lo son en absoluto. Gracias al cristianismo y a sus múltiples denominaciones, los intelectuales no dejan lugar a dudas de que no todo está bien dentro del mundo cristiano.

Ahora viene la realidad de definir Quién eres realmente y Cómo lo sabes. Una palabra de advertencia es necesaria aquí Fred... Hay una verdad que no se puede negar. Independientemente de lo que otros nieguen la Biblia, son tontos al creer que alguien que no sea Dios es el creador del universo. No se puede negar. Quienquiera que haya escrito los manuscritos que plasmaron la idea de que alguien que no fuera Dios era el creador no está en su sano juicio. Mahoma no lo hizo. Buda no lo hizo. Quien escribió literatura proclamando el ateísmo, el panteísmo o el humanismo estaba y está en un viaje de gloria autoindulgente que no conduce a ninguna verdad viable, concreta y fundacional que se acerque siquiera a la credibilidad de Dios.

Aquí hay algo que contemplar sobre el origen de todo lo que existe en este mundo: Dios lo hizo. La prueba de todo origen se encuentra en la Biblia, comenzando por el libro del Génesis. Las primeras palabras de la Biblia dicen: "En el principio, Dios creó el cielo y la tierra". KJV. Y todo lo que Él creó está todavía en acción hoy a través de ti y de todos los que han vivido en esta tierra y están viviendo ahora. Dios creó la capacidad de la humanidad para utilizar los dones que le dio en el momento de su concepción. Sólo párate a pensar en los muchos cambios que han ocurrido desde el principio de los tiempos. No se puede negar que el libro más popular, más leído, más estudiado, más traducido, más rechazado, más odiado, más impreso de la historia es la BIBLIA.

Por lo tanto, todas las clasificaciones de Quienes pensamos que somos conectan de alguna manera con nuestro ser interior y deben aceptar que sabemos y debemos reconocer que Dios y la Biblia existen.

Fred, hay dos fases para ayudar a uno a ser capaz de tomar una decisión completa de Quién crees que eres. En la primera acabamos de hablar de algunas informaciones útiles sobre el lado físico de la historia.

Lo siguiente es el hecho fundacional más importante en la búsqueda de quiénes son en la vida. Deben llegar a la comprensión de cómo su conciencia física de la vida se convierte en el fundamento de cómo uno debe vivir. Todo el mundo debe llegar a la realización de lo que su lado espiritual en la determinación de ¿Quiénes creen que son?

La vida tiene dos caras. Una es física y la otra espiritual.

Veamos ahora cómo es el lado espiritual.

ISM'S

Muy bien Fred, empecemos de nuevo. No puedes ser ateo, panteísta, humanista o incluso cristiano y no creer en la existencia de un Dios que lo sabe todo, ¡incluyendo quién eres! Si todavía eres terco y adoptas el enfoque narcisista. Como se ha dicho antes y es necesario recordarlo una vez más, usted se encuentra entre muchos de los 7.500 millones de individuos que componen el mundo actual. Recuerda que se ha reservado un día especial para que todos os reunáis y tengáis una celebración que dé la vuelta al mundo. Feliz 1 de abrilst : Día de los Inocentes.

Fred, echemos un vistazo a algunos sistemas de creencias y tratemos de identificar el origen para una fundación que apoye sus creencias.

El ateísmo es el primer sistema de ISM que se mira en el sitio web de Google en busca de información de fondo para entender sus creencias.

Fred, Para identificar mejor las creencias espirituales de cualquiera de los ISM, opto por utilizar testimonios de la participación personal de uno.

Un testimonio es un relato sobre el viaje personal de la vida de una persona que explica las decisiones que ha tomado en busca de su identidad.

El viaje personal **de Philip Vander Elst** pasó del ateísmo al cristianismo. A Philip le resultaba difícil creer en Dios o aceptar las afirmaciones del cristianismo. Como escritor y conferenciante independiente, licenciado en política y filosofía, siempre se había preguntado si existía Dios y cuál era la relación entre Dios y la libertad. Desacreditó la pretensión de una creencia sobrenatural en Dios por el escepticismo que le producía el mal y el sufrimiento humano en el mundo.

Dos cosas cambiaron su mundo. La primera, que su mujer se hizo cristiana. La segunda fue la influencia de C. S. Lewis. Se enteró de que S. C. Lewis era ateo y se hizo cristiano. Los escritos de Lewis convencieron a Philip de la veracidad del cristianismo y denunció el ateísmo por el cristianismo.

www.faith.org.uk;gideons.org-Mystory.me

Los que realmente saben quiénes son, son los que marcan en su calendario el día del recuerdo y lo celebran año tras año. Ningún día de sus vidas es más especial que ese. Siga con nosotros y sabrá en qué consiste ese día. ¿Te intriga saber quiénes son? Sigue leyendo, y cuando leas la verdad se dirá, y si eres uno de ellos, entonces has sido liberado.

Ahora, ¡vamos a ser realistas sobre quiénes son! Permítanme comenzar con aquellos que se clasifican a sí mismos como buenas personas. Cada clasificación mencionada en este manuscrito cree que son buenas personas. Incluso los narcisistas creen que son los elegidos. Parecen estar un paso por encima del resto de la sociedad. La mayoría de los Narcisistas saben de Dios pero no CONOCEN a Dios. No se puede ser ateo y no creer en la Biblia. Es bastante simple si realmente te paras a pensar en ello. Ellos ya tienen su mente hecha. Todo es vanidad. Si usted se detiene y comienza a pensar fuera de su caja de doble envoltura, hay cosas y actividades que usted hace todos los días que se definen en alguna parte del LIBRO. Si alguna vez aceptas el reto de salir de tu zona de confort y buscar la verdad de la vida, la mayor parte de lo que haces, lo estás haciendo de una manera que otros han replicado en siglos pasados.

¿Has olvidado las palabras de tu profesor de historia? La historia se repite. Sé inteligente. Eres un ejemplo vivo de cómo la historia se repite de generación en generación. Lo que falta en los textos de los libros son instrucciones e indicaciones detalladas para realizar una actividad. Aunque te sorprenda que hagas muchas de estas cosas, otros lo han hecho. Usted no es diferente de quienes fueron ellos. Siempre estás buscando tu identidad. Ese es un don que el Dios de la creación ha dado a todos.

Algunos dirán que lo que hago es simplemente algo normal y corriente. Todo el mundo lo hace también, ¿verdad? No es así. Si aceptas la forma en que los demás hacen las cosas, entonces haces las cosas de la misma manera, lo que te convierte en un seguidor. ¿CIERTO? A menos que elijas desarrollar tu propio estilo para realizar la misma tarea, habrás renunciado a tu autoestima. Tienes que empezar a decidir quién quieres ser y no ser simplemente un seguidor en algún momento de la vida. Ponte en contacto con lo que te gusta y lo que no te gusta. ¿En qué eres bueno? ¿Cómo reconoces lo que no se te da bien? Te llegan muchas pistas. ¿Puedes reconocerlas? Llegan a través de los estímulos. Los estímulos no siempre son buenos. Tienes que desarrollar tus limitaciones de lo que debes asimilar y lo que debes ignorar.

Ok Fred, ¡Veamos lo que se necesita para determinar quiénes somos! ¿Cómo llegamos a eso? ¿Por dónde empezamos? Primero, necesitas empezar a evaluarte a ti mismo y a lo que te estimula a querer creer sobre ti. Tu sistema de creencias necesita preocuparse por lo que crees y lo que no. Necesitas evaluar continuamente lo que ves, oyes, lees, miras, dices, tocas, comes y haces. Eso incluye a dónde vas y con quién te relacionas. Así que empecemos. ¿Quién crees que eres? ¿Te estás acercando a ese entendimiento?

Así que empecemos a construir nuestros cimientos para determinar quiénes somos y cómo vamos a llegar allí. Los verdaderos creyentes que ya saben quiénes son y cómo llegaron allí están un paso adelante de usted. Pero no te preocupes. Mantente en el camino, y eventualmente encontrarás el verdadero secreto para descubrir quién eres con confianza.

¿Quién te crees que eres?

¡Fred, Este testimonio personal cuenta la historia de la vida real de cómo alguien descubrió Quién era y Quién es ahora!

Dan Pagles era un ateo empedernido que se alejó de Dios a los 12 años. Se obsesionó y se empeñó compulsivamente en ganar mucho dinero. Nada más importaba en su vida hasta que su mundo financiero se derrumbó con la amenaza de perderlo todo. Se quedó solo mientras su familia iba a la iglesia. Un domingo, se animó a ir a la iglesia con su familia. Comenzó a redescubrir la identidad que le faltaba como resultado del impacto total de experimentar lo que otros ya sabían. Vio la humildad en acción en las vidas de otros y comenzó a entender lo que Dios demostró en la Biblia. Dan por fin tenía un único propósito. (publishersweekly.com)

Concéntrese ahora en cómo se empieza a declarar Quién es usted y cómo lo sabe. El primer pensamiento que nos viene a la mente es: "¿Cómo llegaste a la decisión de Quién Eres? "Esa decisión no se tomó de la noche a la mañana. Usted ya era alguien. Entonces, ¿qué criterios utilizaste para determinar Quién Eres?

Permíteme recordarte que para ser real, debes haber tenido algún tipo de fundamento en el que creas para construir tu razón para determinar Quién eres. Entonces, ¿cuál era o es ese fundamento? ¿Es una base sólida o una base flotante? Permíteme explicarte. Un fundamento sólido comienza proporcionando una evidencia histórica de hechos que puede ser probada con numerosas pruebas, mientras que un fundamento flotante no tiene una base funcional. Una creencia fundacional flotante es pura conjetura. El desarrollo de la idea del hombre se desarrolla a través de alguna forma de pensamiento intelectual que no tiene principio. Una creencia fundacional flotante tiende a cambiar de dirección con los vientos de la cultura. Los cambios en la creencia tienen lugar a medida que surgen pensamientos intelectuales y de Sabiduría adicionales. Los fundamentos flotantes no tienen ninguna evidencia real que establezca lo que los seguidores deben creer.

Fred. puede haber varios pasos que debes considerar para descubrir tu verdadero yo. El primer paso es evaluarte seriamente y ser completamente sincero contigo mismo que verás cada faceta de tu vida, lo bueno, lo malo y lo feo. En segundo lugar, céntrate en quién eres realmente, no en quién quieres ser. Tercero, descubre en qué eres bueno y en qué no. Cuarto, que es un ingrediente clave; debes llegar a saber qué es lo que más te apasiona, no lo que hacen los demás. El paso más incómodo es acudir a los demás y preguntarles qué dicen de ti. Lo que realmente quieres escuchar es qué puntos fuertes creen que tienes y necesitas desarrollar. También podrías intentar averiguar cuáles son tus puntos débiles. El último paso te ayudará a definir quién eres. En este paso, tienes que evaluar tus relaciones con los demás.

Fred no hace falta decirlo y es necesario repetirlo. Una última sugerencia es que tus decisiones se basarán en gran medida en todos los sentidos disponibles que nos definen. Eres víctima de lo que ves, de lo que oyes, de lo que lees, de lo que comes, de dónde vas, de lo que haces, de dónde trabajas, de lo que haces para divertirte, de con quién te juntas, de lo que dices, de lo que te pones, de dónde vives, de lo que conduces y de lo que ves. Cualquier cosa que produzca estímulos para impulsar los procesos de pensamiento que te llevan a hacer lo que haces, dónde lo haces y por qué haces lo que haces. No dejes de lado quiénes son tus amigos y conocidos y su impacto en ti.

Para discernir real y verdaderamente quién eres, debes hacerte algunas preguntas serias sobre tu identidad. Preguntas que te llevarán a comprender quién eres y cómo lo sabes. Cómo lo sabes es la verdadera cuestión de tu crisis de identidad. Y mientras respondes a esas preguntas, sé fiel a ti mismo. No intentes ocultar ni endulzar nada. Sabrás cuando te estás mintiendo a ti mismo. No lo hagas. Dará miedo, pero será bueno a largo plazo.

Andrew Klavan, un escritor judío estadounidense que pasó de ateo a agnóstico y a cristiano. Este es su testimonio. A una edad temprana, se sintió como un hipócrita en su bar mitzvah. El judaísmo carecía de valor, no tenía sentido ni propósito, lo que le producía una sensación de vacío. Su viaje desde el dolor y la depresión le llevó a la lectura de la Biblia. Su lectura lo sacó de la oscuridad y lo llevó a un camino de verdad y vida. Comenzó a leer el Evangelio de Lucas. Cuanto más leía, más descubría que el cristianismo era el centro de su ser interior. Un día le preguntó a Dios qué quería y entregó su vida a Dios. (christianitytoday.com ; www.audible.com)

Allan Sandage, un ateo empedernido al que sus conocimientos astronómicos le llevaron a la fe en Dios. Allan confesó que sus conocimientos científicos disminuyeron su creencia en la religión. Pero cuanto más estudiaba la ciencia, más creía en Dios. Comenzó a buscar respuestas a las preguntas sobre el propósito de la vida. Como astrónomo prolífico se convirtió al cristianismo más tarde en su vida, declarando que "no podía vivir una vida llena de cinismo. Decidí creer, y la paz mental se apoderó de mí". "Su conversión equilibra las creencias científicas y las religiosas. (Reasons.org;blog.gideons.org)

Entonces, ¿qué te define? La verdad es que no hay ninguna reivindicación infundada de la identidad de una persona. Tu reivindicación de identidad debe tener un fundamento que sea real. Uno que puedas identificar como que eres tú. Puedes encontrarte simplemente mirando todas las religiones del mundo. Sí, sí, ¡te has encontrado en una de ellas! Ahora la búsqueda está en marcha. ¿Por dónde empezar? Hay aproximadamente 18 religiones principales en el mundo. Al principio de la lista está el Ateísmo/Agnosticismo. Quizás quieras echar un vistazo a algunos de los otros grupos religiosos principales, como el Panteísmo, los Humanistas, los Narcisistas y un grupo mucho más grande de religiones cristianas que conforman el Cristianismo Mundial. Entonces, ¿a cuál de estos grupos religiosos pertenece usted?

Se necesita poco esfuerzo al observar estos diferentes grupos religiosos para darse cuenta de que todos utilizan el mismo proceso de desarrollo. Todos siguen un proceso intelectual y filosófico para desarrollar una religión sin tener un fundamento real en el que basar sus creencias, excepto uno. Los grupos no eclesiásticos negaban a Dios y habían creado su posición a través de filosofías ideológicas para establecer su base, una base sin un fundamento firme.

Sabes lo que es un cimiento, ¿verdad? Un fundamento se compara con una ROCA. Una roca sólida que no se puede mover. Un fundamento establecido en el principio tiene la credibilidad de su existencia. Inamovible y anclado permanentemente. Esa Roca sólida no es otra que la Biblia. No se puede negar que todas las religiones y otras doctrinas son copias del Libro Verdadero. Sin tener un fundamento verdadero en el que apoyarse, no hay nada que pueda sostener las creencias hipotéticas.

La pregunta que debes responder por ti mismo es: investiga cuál es el fundamento y por qué lo hacen los demás. A medida que avanzas en tu viaje para averiguar a cuál decides apegarte, debes recordar que los cristianos tienen la respuesta, y es muy clara. ES DIOS quien es el fundamento del cristianismo. Y, Su Libro de Roca Sólida, la Biblia, es el fundamento de todas Sus Creencias. Se le advierte que no siga las conjeturas del pensamiento intelectual o filosófico al hacer su elección. La pregunta permanece para usted: ¿cuál es o será su fundamento para identificar con quién elige estar conectado?

Puedes ir a Internet y buscar en Google muchas de las principales religiones para averiguar mucho sobre quiénes son y en qué creen. Si lo haces, y eso es lo que se fomenta aquí, busca lo que conecta a otros sistemas de creencias religiosas. ¿Cuáles son las similitudes y las diferencias?

Al analizar estos diferentes grupos religiosos, las creencias que debes considerar deben incluir (1) ¿Cuál es su creencia en el mundo sobrenatural y espiritual? (2) ¿Cuál es la existencia del alma? (3) ¿En qué escritos sagrados o colecciones de autores basan sus creencias? (4) ¿Cómo se organizó la religión y por quién? (5) ¿Se basa la religión en el individualismo o en la familia? (6) ¿El culto forma parte de su religión? (7) ¿La participación individual se basa en rituales y festivales? (8) ¿A quién adoran realmente? ¿A ídolos o a un ser supremo? (9) ¿De quién son responsables en esta vida? (10) ¿De qué papel serías responsable de adherirte y hay consecuencias si no te adhieres a sus creencias?

No sé si eres lo suficientemente inteligente para entender que cualquier religión que no tenga una base sólida es una BURLA. Un sinsentido total. Es como el ciego que guía al ciego. O en otras palabras: "¡Si no sabes a dónde vas, entonces no importa cómo llegues!" Si la religión que eliges no te lleva a ninguna parte, tal vez deberías buscar una con todas las cualidades anteriormente expuestas. El cristianismo se basa en la Roca Sólida.

Pero primero, permítanme darles un repaso al Ateísmo/Agnosticismo.

Fred, comencemos con una posible identificación de quiénes podrían ser algunos. Selecciona una de las 13 principales organizaciones religiosas del mundo. Aquí hay sólo algunas: Ateísmo, Agnosticismo, Panteísmo, Humanismo, Narcisismo, Islam, Judaísmo, Hinduismo, Deísmo, Budismo, Confucionismo, Gnosticismo, e incluso Cristianismo. Así que vamos a elegir uno de los más populares. Entonces, ¿cómo se convierte alguien en ateo? Si esta es tu elección, la pregunta que debes hacerte es simplemente esta: ¿Qué pasos debes dar para mantenerte involucrado en tu elección? ¿Vas a hacer tu elección de acuerdo con lo que alguien te ha dicho, o vas a hacer tu elección investigando la verdadera fuente?

Erik Lennestaal creció en Suecia. Como joven de mentalidad erudita, se interesó por las actividades académicas, pero poco por la fe y la religión. "Fui activo como comunista y era un ateo convencido", recuerda. Veía a los cristianos como débiles, hipócritas y fanáticos. Era muy activo en los debates y disfrutaba expresando sus pensamientos y persuadiendo a los demás hacia sus creencias. Cuando un amigo le retó a leer el Evangelio de Juan, aceptó decir: "Te demostraré con tu libro que tu Dios no es real". Sin embargo, primero necesitaba una Biblia. Erik se acordó de un Testamento que había recibido de un Gedeón hacía varios años en el instituto. Buscó hasta que lo encontró en un cajón donde había estado durante años. Cuando empezó a leer el Evangelio de Juan, las preguntas empezaron a llenar su mente: ¿Y si Jesús es quien dice ser? Poco después, aceptó asistir a un rally juvenil cristiano con unos amigos cristianos que le habían invitado. Esta reunión fue la primera vez que experimentó la oración y asistió a un servicio religioso. Pensó: "Dios, si eres real, muéstrate ante mí. Necesito saberlo". "Experimenté una presencia extraña y desconocida. Acepté el perdón por haber persuadido a la gente a dudar de Dios durante los últimos 19 años de mi vida, y acepté a Jesús como mi Señor y Salvador", recuerda. Erik comenzó a dedicarse a esta Escritura que ahora amaba, leyéndola una vez al mes en su primer año de ser cristiano. Sintiendo una llamada a las misiones, Erik viajó por todo el mundo difundiendo el Evangelio, y finalmente acabó en Australia. Ahora enseña en un instituto bíblico de Sydney. (gideons.org; bereanbeacoc.org)

Fred, ¿estás preparado para esto? Ahora viene el reto. ¿Qué necesitas saber sobre (1) Quién fue el autor u originador del Ateísmo? (2) ¿Cuál es el fundamento de las creencias del Ateísmo? (3) ¿Cómo hacer para convertirse en uno? (4) ¿Qué se necesita para convertirse en un Ateo? (5) Una vez que se convierte en uno, ¿qué debe hacer? (6) ¿Es el ateísmo una religión activa o pasiva? (7) ¿Tiene algún coste ser ateo?

Una de las fuentes utilizadas para encontrar esta información fue fácil. Basta con buscar en la web. Se utilizaron dos fuentes. Una el Pew Research Center y la otra fuente fue el Barna Research Group. Ambas fuentes le darán amplias respuestas a "Quiénes son los ateos". ¿Le sorprendería saber que el filósofo francés Diagoras fue el "primer ateo"? De nuevo, permítame recordarle que, fuera del cristianismo, la mayoría de las religiones fueron y son acreditadas como fundadas por intelectuales y filósofos que criticaron fuertemente la religión. Una definición literal de "ateo" es una persona que no cree en la existencia de ningún dios. Este punto de vista es cuestionado por muchos que se declaran ateos. Una gran mayoría considera que no cree en Dios, en un poder superior o en un ser espiritual. También se mantienen firmes en la idea de que no hay deidades. Lo sorprendente es que no hay ningún proceso o iniciación para convertirse en ateo. Lo sorprendente es que la creencia fundamental del ateísmo es que un ateo no cree que haya un dios o dioses. En otras palabras, un ateo niega la existencia de Dios. Lo que le sorprenderá es que los ateos dicen que creen en la existencia del cielo y del infierno.

¿Estás dispuesto a comprometerte a identificarte como ateo como tu identidad? Aquí hay algunos hechos que debes considerar si esa es tu elección. No todos los que se declaran ateos aceptan las creencias del ateísmo. ¿Le sorprende esto? Debería. Lo que inició un Ateo en primer lugar fue el punto de vista de un individuo, desacreditando cualquier forma de religión y decidido por su conocimiento intelectual.

Sus ideas filosóficas, desarrolladas por él mismo, dieron lugar a esta alternativa a las religiones mundiales activas de su época. Es ampliamente conocido que muchas personas que se declaran ateas dicen creer en algún poder superior o fuerza espiritual, y no sólo eso, se identifican con alguna forma de religión aunque no crean en Dios. Vamos. ¿No puede la gente decidirse?

Hecho 1: Los ateos dicen que no creen en algún tipo de poder superior. También dicen que no creen en Dios o en dioses. En realidad están indicando que no creen en el Dios Supremo de la Creación tal y como se describe en la Biblia. Esa es la cuestión principal para los ateos/agnósticos y muchos otros grupos religiosos. Simplemente no creen en la Biblia. Hecho 2: El ateísmo es una cuestión predominantemente masculina. Según Pew Research, siete de cada diez personas (cuya edad media es de 34 años) son ateos con un alto nivel de educación, y cuatro de cada diez ateos tienen un título universitario. Dato 3: Los ateos rara vez rezan. Dato 4: Los ateos dicen que piensan en el significado y el propósito de la vida y a menudo sienten una profunda sensación de paz y bienestar espiritual. Dato 5: Los ateos encuentran significado en las finanzas y el dinero, las actividades creativas, los viajes, las actividades de presión, los pasatiempos y la familia. Dato 6: La mayoría de los ateos expresan opiniones negativas cuando se les pregunta por el papel de la religión en la sociedad por la razón de que las organizaciones religiosas hacen más daño que bien en la sociedad. Esto también sugiere que para ser un verdadero ateo, uno debe asumir que también están hablando de su propia religión. A mí me parece lógico. ¿Y a usted? ¿Cómo puede una religión menospreciar a su propia religión? Dato 7: Un hecho sorprendente es que un ateo puede no creer en las enseñanzas religiosas, pero está bastante informado sobre la religión. Eso indica que los ateos están entre los grupos mejor informados en cuanto a conocimientos religiosos. Los ateos parecen saber más sobre las religiones que muchos seguidores de los principales grupos religiosos.

¿Por qué? ¿Debería ser obvia la respuesta? La mayoría de los otros grupos religiosos establecen sus creencias sin ninguna base sólida. Son puras conjeturas guiadas por conocimientos intelectuales o filosóficos que no tienen fundamento. Sólo hay una religión que se ha establecido sobre una base de roca sólida. Es el cristianismo. Aunque está profundamente diversificado, el centro de sus creencias se basa en el Libro de la Roca Sólida, la Biblia.

¿Se te ha ocurrido ya que no sabes lo suficiente como para tomar una decisión real y definitiva sobre Quién eres realmente? Únase al grupo de la mayoría de las personas del mundo actual. Cuando se trata de la presión de decidir, el mero hecho de saber Quién Eres sigue siendo un misterio. Pero cuando se le presiona para que tome una decisión, esa decisión se toma por inseguridad.

Profundicemos en su proceso de decisión. ¿Creen o no? Si no eres uno de ellos, ¿en qué te basas para tomar esa decisión? ¿No tienes uno? Sí, lo tienes. La terquedad es un buen ejemplo de falta de seguridad. Un buen caso de inseguridad es dejarse llevar fácilmente por una relación, una idea o seguir el movimiento popular, todo ello porque no tienes una base sólida en la que apoyarte para evaluar un fondo verdadero. Saber dónde se originan las ideas, o cualquier forma o tipo de organización, es una realidad en la toma de decisiones.

¿Existen creencias comunes en las principales religiones? Sí/No. Tu respuesta vendrá determinada en este momento por tu nivel de comprensión de Quién te crees que eres sobre la organización religiosa a la que eliges aferrarte. Tienes que darte cuenta de que hay creencias comunes en cuestiones en todos los grupos religiosos principales. Necesitas saber cuáles son para identificarte en cuanto a cómo te relacionas con esas creencias.

Pero antes de comenzar a analizar la lista, debes saber de dónde se originan los fundamentos de cada creencia. Me quedaría perplejo en este momento si realmente no quisieras o no supieras real y verdaderamente dónde se originó el verdadero fundamento. Permítame decirlo de nuevo: todos los términos que establecen todas las demás creencias se derivan de un solo manuscrito. La Biblia. Si no me crees Demuestre que la Biblia está equivocada. Ninguna conjetura de razonamiento Filosófico o Psicológico es y será jamás FUNDAMENTALMENTE correcta. Así que, ni siquiera vayas por ahí.

Antes de llegar a las similitudes de las principales creencias religiosas, debo subrayar que uno de los elementos clave para responder a las preguntas sobre cualquier sistema de creencias debe tener un propósito y ser de su fuente fundacional. Se necesita una base sólida para soportar la carga de algo. Para la religión, esa carga es la fuerza que pone a prueba o incluso debilita su estructura de base. Un fundamento sólido soporta y resiste el movimiento y no se debilita ni se ve comprometido por nada para volverse inseguro, sino que permanece seguro bajo todos los intentos de desacreditar su fundamento original. Por lo tanto, tener una base sólida es necesario para formar creencias realistas que puedan soportar los ataques y argumentos en su contra. No hay ningún libro que se haya impreso que pueda soportar el número masivo de ataques que tiene la Biblia y seguir siendo el documento más leído, estudiado y traducido jamás impreso.

La lista de creencias comunes es interminable. Pero es necesario abordar varias creencias fundamentales. Al ver la lista, no te alarmes porque no todas las religiones utilizan algunas de estas creencias. ¿POR QUÉ? Bueno, cuando una creencia no se ajusta a la forma filosófica o psicológica de la religión de un grupo religioso, esa creencia se deja de lado. ¡Por qué el grupo religioso no tiene respuesta para aprobar o refutar la creencia! De esta manera, el creyente es libre de no ajustarse a la norma bíblica. ¿No es eso tomar el camino más fácil? Tan humano, ¿no es así?

Así que aquí están las creencias más comunes que han creado tanta controversia entre los principales grupos religiosos. Esta lista no está en ninguna forma de prominencia preferida. Sin embargo, es la fuente más discutida y elegida para desarrollar nuestras muchas religiones principales y el gran número de grupos cristianos denominacionales en este mundo. (1) El pecado; (2) La oración; (3) El cielo; (4) La resurrección; (5) La salvación; (6) El bautismo; (7) El poder; (8) La esperanza; (9) El infierno; (10) El amor; (11) El odio; (12) El bien o el mal; (13) Los ídolos; (14) El culto; (15) La creación; (16) Dios; y (17) La eternidad. Uno podría pasar la eternidad estudiando cada una de estas creencias y aún así quedar consternado por la falta de capacidad para asegurar una base sólida que inicialmente comenzó con cada idea de una forma diferente de religión en contraposición a la descrita en la Biblia. Todas las creencias anteriores están verdaderamente definidas en el libro de la Fundación de la Roca Sólida: La Biblia.

La buena palabra es que hay una y sólo una religión que tiene todos los ingredientes que te darán una decisión sólida y definida que te dirá QUIEN ERES y lo sabrás sin duda.

Las otras religiones principales no tienen todas las respuestas para ayudarte a describir realmente quién eres. Hay preguntas que debes hacerte. ¿Qué pueden hacer por ti el Ateísmo, el Agnosticismo, el Panteísmo, el Humanismo, el Narcisismo, el Budismo, el Hinduismo, el Islam o el Confucionismo? ¿Puedes rezarles y recibir respuestas? ¿A quién se acude para pedir perdón? ¿No es una creencia religiosa que requiera el perdón? ¿Cómo se recibe el poder? ¿Cómo se rinde culto y a quién se le rinde? ¿Cómo puedes amar a un ídolo? ¿Eres inmune al pecado? ¿Cómo sabes que eres amado? Si aún no lo has descubierto, permíteme expresar mi preocupación por tu ignorancia. Si real y verdaderamente quieres ser quien necesitas ser, entonces ninguno de los principales grupos religiosos antes mencionados puede darte lo que realmente mereces: La libertad de saber que eres una persona especial que merece lo mejor. Que no eres parte de un estúpido sistema de creencias sin fundamento que carece de credibilidad. No dejes que los intelectuales te atraigan para que creas en sus creaciones filosóficas y psicológicas que no tienen una base sólida.

Fred, es necesario repetir la siguiente información para tener una comprensión más fiable de cómo se comporta nuestra cultura actual. Los grupos de investigación indican que las personas de todo el mundo están abrumadas por la búsqueda de su identidad. El lugar del mundo en el que se vive tiene una gran influencia en el desarrollo de la propia identidad. Una segunda influencia tiene que ver con el propio entorno. El estímulo visual es el ingrediente activo que desarrolla sus posiciones para los pensamientos de Quién eres y Quién quieres ser. En lo que respecta a la religión, quién eres está determinado en gran medida por lo que ves, oyes y lees. Lo más probable es que aceptes las prácticas religiosas más populares según tu entorno.

Según las investigaciones, muchos deciden basándose en lo que ven hacer a los demás. La investigación indica que la mayoría elige un grupo religioso sin buscar nunca un razonamiento fundacional para lo que hacen o creen. Lo que existe en este mundo hoy es la necesidad de los individuos de buscar su identidad. La identidad de uno se satisface con sólo pertenecer a algo y no a nada.

Pertenecer a un grupo les da un propósito. La identidad de uno permanece igual hasta que otra religión ofrece más autoestima. El cambio sólo se produce cuando alguien se enfrenta al reto de descubrir que su religión carece de fundamento. No tiene fundamento porque su religión no tiene base para establecer sus creencias o descubre que su religión se basa en requisitos humanistas y rituales que no tienen ningún significado real. Ese es el problema que hay detrás de muchas religiones que surgieron después de la fundación del cristianismo.

Fred, ¿qué sabes del catolicismo? No mucho, muchos se unen a ti en ese pensamiento. Sí, la religión fue investigada en la página web de Google. Lo que sigue es un resumen de los orígenes de esta religión.

El catolicismo fue el primer grupo organizado que derivó sus orígenes de la Biblia. El proyecto definido de la iglesia tal como fue instituido por Dios en el Libro de los Hechos el Apóstol dirigió el desarrollo de la Iglesia de Dios. El comienzo de la Iglesia de Dios comenzó en Pentecostés y está vivo y bien hoy.

La duración de la Iglesia terminará cuando Jesucristo regrese para llevar a su Iglesia a su Reino. El establecimiento del catolicismo comenzó después del desarrollo final de la Biblia.

Por designio de Dios, la iglesia debía ser un representante de sus fieles seguidores. La etiqueta dada a los seguidores de Jesucristo se conoció como cristianos, que significa seguidores de Cristo. A medida que las iglesias crecían en número, los líderes comenzaron a estructurar las operaciones de la iglesia. No fue hasta años después que el desarrollo de la religión católica comenzó a tomar forma. Lo que separó el punto de vista de los creyentes católicos y la creencia de la Iglesia fue el desarrollo de los roles de liderazgo. La religión católica estableció una jerarquía, dando el papel de liderazgo más alto a una persona llamada el Papa. La Iglesia original no desarrolló un esquema de liderazgo que colocara a alguien por encima de los que adoran a Dios. Jesús era la cabeza de la Iglesia. Poco después de la organización del catolicismo, otros escritos adicionales comenzaron a surgir para guiar esta nueva doctrina católica en desarrollo.

Fred, permíteme presentar el testimonio de un católico romano cuya historia es muy informativa sobre su viaje en la vida..

Richard Vozniak fue bautizado en la Iglesia Católica Romana a una edad temprana. Le enseñaron a creer que la salvación no era suficiente a través de Jesucristo, sino sólo a través de la Iglesia de Roma, sus tradiciones y sus propios esfuerzos por hacer buenas obras. Le enseñaron el catecismo hasta el quinto grado para compensar sus pecados pasados a finales de los 20 años. Luchando con la paternidad y la carrera, se asustó y confundió sin razón. Richard empezó a aislarse de todo el mundo, excepto de su mujer. Veía la fuerza en su mujer y quería ganar esa fuerza. Entonces, un día, fue a una librería y compró un libro, "In His Steps", escrito por Charles Sheldon. Este libro era un relato sobre personas que hicieron un voto durante un año para preguntarse antes de decidir "¿Qué haría Jesús?". En este libro, él leyó cómo sus vidas fueron cambiadas dramáticamente por la fe en Cristo y cómo fueron perseguidos por muchos y separados del mundo, todo en el nombre de Cristo. Mientras leía este libro, se preguntó qué haría Jesús y determinó que iría a misa todos los días. Rezó durante innumerables horas. Se arrodilló ante numerosas estatuas de santos y rindió homenaje a la Iglesia. Incluso comenzó a leer un ejemplar del catecismo y estudió las doctrinas del hombre. Y luego, finalmente, comenzó a leer la Biblia. En algún momento, se dio cuenta de que no conocía a Jesús. Al leer la Biblia, leyó las palabras que nunca antes había escuchado sobre Jesús. Richard aprendió que Jesús era la "luz que brilla en la oscuridad". No sabía que Él era la Palabra. Nadie le dijo que Él era "el camino, la verdad y la vida". "Nadie viene al Padre sino por Él". En este punto, fue la Biblia la que tomó todos sus pensamientos. Todo parecía volverse más claro y comprensible; sin embargo, se sorprendió cuando el Señor le reveló

"Que si confiesas con tu boca que Jesús es el Señor, y crees en tu corazón que Dios lo resucitó de entre los muertos, serás salvo", y "Porque todo el que invoque el nombre del Señor será salvo". Romanos 10:9,13.KJV. Este fue el plan de salvación de Dios. Esta es la salvación que viene por gracia a través de la fe. Richard está ahora de pie, respondiendo en obediencia a la llamada y a las exigencias de Cristo, su Salvador. (Christian-faith.com/baptism-testimony)

Entonces, ¿qué tiene de malo el catolicismo? El mismo problema que se desarrolló con el Islam y el mormonismo. La Biblia es muy clara en reconocer estas derivaciones en las escrituras.

"No tendrás otros dioses delante de mí". Deuteronomio 5:7. KJV

"No tendrás otros dioses delante de mí. No te harás ninguna imagen, ni ninguna semejanza de lo que está arriba en el cielo, ni... "Éxodo 20:3 RVR

Yo advierto a todo el que oiga las palabras de la profecía de este libro: si alguno añade a ellas, Dios le añadirá las plagas descritas en este libro, y si alguno quita las palabras de esta profecía, Dios le quitará su parte en el árbol de la vida y en la ciudad santa, descritas en este libro. Apocalipsis 22:18-19 RVR

"No añadirás a la palabra que te mando, ni la quitarás, para que cumplas los mandamientos de Yahveh tu Dios que yo te mando. "Deuteronomio 4:2 RVR

Fred, ¿Qué sabes sobre el Islam? ¿Estás confundido sobre los problemas de Amor-Odio que la cultura mundial ve en esta religión? De nuevo, investigando en la web se puede saber mucho sobre los antecedentes y las creencias de esta religión.

El comienzo del Islam es un buen ejemplo del falso uso de la Palabra de Dios para desarrollar una forma diferente de religión que desafía al cristianismo. El cristianismo comenzó antes de la finalización de la Biblia. Cuando la Biblia fue terminada, la dispensación de los profetas y apóstoles llegó a su fin.

Esta es la verdad sobre el verdadero comienzo del Islam. La investigación indica que el Ángel Gabriel habló con Mahoma y le dio una nueva religión: ISLAM. El ángel Gabriel es uno de los arcángeles de Dios. El posible ángel que podría haber sido descrito aquí podría haber sido uno de los siete ángeles caídos de Lucifer: El Diablo. Lucifer fue expulsado del Cielo incluso antes de Génesis 3 en la Biblia. Era el enemigo de Dios que quería ser como Dios. Trató de convencer a otros ángeles para que se unieran a él en su búsqueda de ser igual a Dios. El Islam es una religión árabe que enseña que Mahoma es un mensajero de Dios. Ahora Lucifer continuó desafiando a Dios, por orgullo para interferir con el plan de Dios para su pueblo elegido. El nombre de Dios no es Alá. Esta descripción de la palabra fue desarrollada por el hombre para ser representante de Dios. La era de los profetas terminó con la resurrección de Cristo. En el Sermón de la Montaña, Mateo 7:15-20 Jesús advierte a sus seguidores de los falsos profetas.

Mahoma se autoproclamó profeta ungido por un ángel. También lo fue Lucifer antes de ser expulsado del Cielo. Lucifer dirigirá las fuerzas del mal contra el pueblo elegido por Dios.

Hay que entender dos cosas: Jesús es el fundador del cristianismo y el cristianismo es una religión espiritual para bendecir y proteger a la Iglesia. El cristianismo es universal en todo el mundo, con un hogar en el Cielo. No hay funciones políticas o gubernamentales en la Iglesia de Dios. La Iglesia de Dios vive en el mundo, pero no es conducida por él.

La Iglesia de Dios sólo es impulsada por la Palabra de Dios a través del acceso directo a Dios Padre, Dios Hijo y Dios Espíritu Santo.

La religión organizada que plagia la Biblia como fuente para desarrollar una base para formar la religión es el error de la humanidad. La función principal del Islam es controlar a los seguidores por medio de las demandas hechas en el Corán. El Corán es un libro fabricado que ha tomado algunos de los escritos del Libro de la Roca Sólida, la Biblia. Lee esas escrituras de una manera que satisface sus necesidades de control y autoridad sobre la gente. La Biblia advierte contra esas falsas enseñanzas.

17: Os ruego, hermanos, que tengáis cuidado con los que causan divisiones y crean obstáculos contrarios a la doctrina que se os ha enseñado; evitadlos. 18: Porque tales personas no sirven a nuestro Señor Cristo, sino a sus propios apetitos, y engañan los corazones de los crédulos con palabras suaves y lisonjas. 19: Porque vuestra obediencia es conocida por todos, por lo que me alegro de vosotros, pero quiero que seáis sabios en cuanto al bien e inocentes en cuanto al mal. 20: El Dios de la paz pronto aplastará a Satanás bajo tus pies. La gracia de nuestro

Señor Jesucristo está con vosotros. (Romanos 16:17-20)

3: Si alguno enseña otra cosa, y no se aviene a las sanas palabras de nuestro Señor Jesucristo, y a la doctrina que es conforme a la piedad. 4: Es soberbio, sin saber nada, y se dedica a las cuestiones y disputas de palabras, de las cuales vienen las envidias, las contiendas, las discusiones, las malas conjeturas. 5: Disputas perversas de hombres de mente corrompida y desprovistos de la verdad, que suponen que la ganancia es la piedad; apártate de los tales. (1 Timoteo 6:3-5, RV)

El converso: ¿Por qué dejé el Islam para seguir a Jesús? **El** ex musulmán **Nabeel Qureshi** explica cómo su búsqueda de la verdad sobre Jesús en las escrituras le llevó a su conversión. Como joven musulmán en Occidente, nuestra comunidad me defendió intencionadamente del cristianismo, la religión mayoritaria. Los primeros versos del Corán que los otros jóvenes de nuestra mezquita y yo memorizamos proclaman que Dios no es ni Padre ni Hijo (basado en la Surah 112:3). Las tradiciones nos informaban de que esta enseñanza constituye un tercio del Corán (Sahih

Muslim 812), así que la recitábamos todos los días. A los seis años, ya había recitado miles de veces "Dios no es un Padre, Dios no es un Hijo". No es de extrañar que me convirtiera en un audaz opositor a la Trinidad. Nos enseñaron que Mahoma era el mejor mensajero de Dios. Mahoma fue el hombre más perfecto que jamás haya existido. Aprendimos la historia de su vida e hicimos todo lo posible por seguirla. Le emulábamos hasta tal punto que incluso intentábamos entrar en el lavabo como él lo hacía. La reverencia que le otorgábamos era apenas secundaria a nuestra reverencia por Alá. Aunque el islam enseña que la Biblia y el Corán proceden de Dios, se nos instruía efectivamente en que eran polos opuestos: la Biblia ha sido contaminada, el Corán permanece prístino; la Biblia es parcialmente palabra de hombre, el Corán es puramente palabra de Dios; la Biblia contiene contradicciones, el Corán es completamente coherente; la Biblia lleva a la confusión, el Corán lleva a la vida. Así que, como joven musulmán, llamé con ardor a otros al camino del Islam. Estaba seguro de su verdad. Mi confianza en el islam se traducía en celo por Alá, Mahoma, el Corán y la sharia.

Entonces conocí a un joven cristiano llamado David, y rápidamente nos hicimos firmes amigos debido a nuestra moral y devoción comunes. Llegó el momento en que le desafié sobre la fiabilidad de la Biblia, y por fin conocí a alguien que estaba preparado para defender su fe. David me desafió a contrastar la historia de la Biblia con la del Corán. Fue entonces cuando descubrí la disputa sobre la historia temprana del Corán y tuve la ocasión de saber que el Corán había sido modificado. Cuestioné a David sobre la autoridad divina de Jesús, y fui cuestionado sobre el caso de la autoridad de Mahoma. En ese momento, me di cuenta de que mis criterios para criticar los orígenes del cristianismo arrasarían los cimientos del islam. Asistí a un debate entre un cristiano y un musulmán sobre el tema de la resurrección de Jesús. Aprendí que múltiples fuentes antiguas informan de la muerte de Jesús por crucifixión, incluyendo registros judíos, gentiles y cristianos. Las numerosas circunstancias eran tan claras que incluso los eruditos ateos y agnósticos dicen que la crucifixión de Jesús es uno de los hechos más seguros de la historia.

Por el contrario, Alá avanzó la opinión coránica de que Jesús no murió por crucifixión. Se señaló que el Corán fue escrito 600 años después de la muerte de

Jesús, afirmando falsamente que el Corán existía como una fe previa en el Islam. David me desafió a conocer el verdadero trasfondo del Islam, lo que me llevó a aceptar la verdad de la Biblia y a denunciar la religión islámica.

A través del diálogo, vi que la visión cristiana de Jesús es más coherente, mejor evidenciada que la visión musulmana de Jesús. Me pasó a mí, y puede pasarle a otros. (youtube.com Una vida cambiada)

La cuestión aquí es que las religiones que no son el cristianismo se basan en el fundamento de roca sólida de los escritos. Los cambios se hacen por deseos humanos autodeterminados en lugar de conformarse a la Vida Espiritual en Dios.

¿Qué fue primero? El huevo o la gallina. Por supuesto, la gallina. ¿O se pone el carro delante del caballo? Por supuesto, el Caballo. Que la Gallina y el Caballo sean representativos del Libro de la Roca Sólida, La Biblia, y el huevo y el carro sean representativos de las religiones de diseño humanista del mundo.

Fred, ¿estás preparado para esto? ¿Qué sabes del mormonismo? Con el clic del ratón navegando por el Sitio Web, hay fue. Varias historias sobre el desarrollo y las prácticas actuales de esta religión.

Joseph Smith, el fundador de los mormones, es un ejemplo clásico de cómo la Palabra de Dios fue extraída para formar las bases de sus conceptos para sus creencias religiosas al desarrollar el Libro de Mormón. No sólo José Smith tomó del Libro de la Roca Sólida lo que parecía encajar con sus creencias, sino que también desarrolló otro conjunto de revelaciones para establecer la religión del mormonismo como una alternativa al cristianismo. Lo que José Smith hizo fue agregar libros adicionales a su canon. Añadió la Doctrina y Pactos y la Perla de Gran Precio. Joseph Smith afirmó haber recibido una Visión de Dios para ser el líder de esta nueva religión.

Del mormonismo al cristianismo: **Lisa Barlow creció** en un lugar conocido por su importancia religiosa. La Iglesia mormona, ampliamente conocida como la Iglesia de Jesucristo de los Santos de los Últimos Días. Ella era una mormona de quinta generación. La exposición de Lisa a personas con creencias diferentes fue extremadamente limitada. Su vida social estaba restringida a su Iglesia y a su familia. La cultura mormona le inculcó a Lisa que la meta más alta era un matrimonio en el templo porque esa es la única manera de entrar en el Reino Celestial. Una vez allí, entrarías en una familia eterna y te convertirías en un dios o una diosa. En su primer año de universidad, Lisa comenzó a salir con un jugador de béisbol cristiano llamado Gary. En los meses siguientes, debatieron la diferencia entre el cristianismo y el mormonismo. Después de varios meses, Gary comenzó a criticar las afirmaciones de José como profeta y la autenticidad del mormonismo. Debido a las enseñanzas de la iglesia, Lisa luchó por tener un compromiso emocional con sus creencias, a menudo referido como un "ardor en el pecho" que su fundamento se estaba desmoronando debajo de ella. Empezó a darse cuenta de que, por primera vez en su vida, no tenía ni idea de lo que creía. Pasaron varios meses mientras Lisa y Gary comenzaron a investigar juntos el estudio de la Biblia. Lisa habló con el pastor de Gary y poco a poco empezó a darse cuenta de que necesitaba saber la verdad de lo que la Biblia decía sobre su condición en la vida. Se dio cuenta de que estaba viviendo una vida pecaminosa y que necesitaba el perdón, enseñanza que contradecía la doctrina mormona. Ella lloró cuando sus ojos fueron abiertos, y recibió a Jesucristo como su salvador y Señor. Lisa puso su vida sólo en Cristo para la vida eterna. (www.cru.org; sltrib.com)

¿Por qué necesitas a Dios en tu vida? ¡Dios es el único Dios que puede darte vida eterna! La vida eterna es una vida que nunca termina. La vida eterna es de naturaleza espiritual y no una vida que vive en el humanismo. ¿Te gustaría conocer a Dios personalmente? El amor de Dios por ti es divino. Ningún otro Dios puede darte el Amor divino que habita en tu interior. Puedes buscar y encontrarás a este Dios en la Biblia. El Regalo de Dios es GRATIS. Cuando encuentres a Dios y conozcas la verdad, "La verdad te hará libre".

Ahora volvemos a la pregunta... ¿Quién te crees que eres? Tal vez pienses que no soy quien creía ser. Tal vez te estés preguntando: "¿Cómo te conviertes en cristiano?". Usted puede llegar a ser un cristiano arrepintiéndose de su pecado y confiando en Cristo. Si quieres cambiar, necesitas cambiar tu forma de pensar. Jesús dijo que conocerás la verdad cuando vivas con los pensamientos correctos.

Sección final

La pregunta inicial que dio comienzo a este documento fue: "¿Quién te crees que eres? " Es posible que aún no lo hayas decidido, así que permíteme darte el verdadero estándar que muchos otros grupos religiosos importantes han desafiado. Permítame presentarle la verdadera religión fundacional. El Cristianismo. Antes de continuar, debes saber que hay desacuerdo entre los que se identifican como cristianos. El fundamento del cristianismo es la fuente básica de la Biblia. La Biblia es la fuente fundacional para el establecimiento de muchos grupos cristianos. Sólo para nombrar algunos, permítanme comenzar con el judaísmo, el catolicismo, el *denominacionalismo* y algunos otros que han tomado la Biblia y la han enmendado para adaptarla a sus propias creencias. Lo que separa a muchas denominaciones son sus temas doctrinales preferidos.

La Biblia es un libro cuyo autor es 'Dios'. Dios creó todo lo que se hizo. Dios sigue creando hoy en día. Dios creó a su manera. Él te creó a ti. ¿Cómo lo hizo?

No es un misterio. Dios creó al Hombre y a la Mujer. Dios creó la primera unión humana para llenar la tierra a través del parto. Dios creó el esperma y el óvulo que forman otro cuerpo humano. Así se convierte en un ser vivo. Algunos dicen que Dios envía el alma al cuerpo después de que el esperma entra en los óvulos. La creación de Dios sigue cambiando según su deseo. Pasaste de ser un bebé que necesitaba alimento a convertirte en alguien a quien Dios ama. Su propósito para crearte es/era tener una relación personal contigo. Esa debería ser tu primera pista sobre la credibilidad de Dios. No sólo eso, por las creaciones de Dios, Él creó el aire que respiras. Piénsalo de nuevo. ¿Podría alguno de los otros grupos religiosos hacer eso? Sin aire para respirar, estarías frito. Muerto. Dios te proporcionó la nutrición para que crecieras y te convirtieras en un ser vivo, capaz de caminar, hablar, pensar, amar, etc. Conocer todas las cosas maravillosas que Dios ha hecho por ti debería hacer que estuvieras ansioso por dar gracias a quien te ha dado todas estas cosas.

"Si permanecéis en mi palabra, ciertamente sois mis discípulos; y conoceréis la verdad, y la verdad os hará libres". (Juan 8:31-32*)*,(KJV)

¿Estás interesado en la Verdad? Manténgase conectado mientras camina a través de todas las creencias enumeradas anteriormente. (1) Pecado; (2) Oración; (3) Cielo; (4) Resurrección; (5) Salvación; (6) Bautismo; (7) Poder; (8) Esperanza; (9) Infierno; (10) Amor; (11) Odio; (12) Bueno o Malo; (13) Ídolos; (14) Adoración; (15) Creación; (16) DIOS/Deber; y (17) Eternidad. Todas estas creencias están verdaderamente definidas en el libro de la Fundación Roca Sólida: La Biblia.

De nuevo, necesitas saber dónde se encuentran todas las referencias en la Biblia. Su fuente es el Libro Sagrado de DIOS. Deberías preguntarle a Dios qué puedes hacer por Él, en lugar de preguntar qué puede hacer Dios por ti. Lo que puedes hacer por Dios es importante. Ningún otro libro puede decirte eso y respaldar esa respuesta. ¿Cómo te va con sólo saber eso? Dios puede hacer más por ti de lo que jamás imaginaste.

"Y en esto sabemos que le conocemos si guardamos sus mandamientos. El que dice: Lo conozco, y no guarda sus mandamientos, es un mentiroso, y la verdad no está en él. Pero el que guarda su palabra, en él verdaderamente se ha perfeccionado el amor de Dios; en esto sabemos que estamos en él. El que dice que permanece en él, debe también andar así, como él anduvo". (1 Juan 2:3-6. RV)

Una de las características más emocionantes de la Biblia es que Dios instruye, dice, muestra y modela cómo debes vivir en este mundo. Eso en sí mismo debería hacer que te entusiasme el hecho de que elegir ser cristiano es la mejor elección que puedes hacer para "saber quién eres". "

A medida que uno explora las posibilidades de saber quiénes son y por qué lo saben, tiene que ser una emocionante seguridad en sí mismo. Un conocimiento estupendo es la información precisa cuando se trata de la verdad espiritual. Un verdadero creyente quiere y debe querer saber lo que Dios dice de sí mismo, ¿verdad? Debe recordar que la imagen de un ídolo no habla. ¡Qué conocimiento tan impactante es el de la tierra! No sólo saber lo que Dios tiene que decir sobre sí mismo, sino también saber lo que Dios piensa sobre el mundo que le rodea. Estar conectado con este conocimiento debe animarte a profundizar en averiguar todo lo que puedas sobre Dios y lo que Dios piensa de ti. Así es. Dios tiene sus pensamientos sobre ti. Puedes descubrirlo mientras estudias sobre Él a través del Libro de Fundamentos de la Roca Sólida.

"Por lo tanto, si alguien está en Cristo, es una nueva criatura: las cosas viejas han pasado; he aquí que todas son nuevas". (2 Corintios 5:17 RVR)

¿Acabas de empezar a decidir quién crees que eres? Puede que esto te resulte chocante, pero en realidad es cierto: Muchos viven sus vidas basándose en medias verdades. ¡Estos individuos no pueden decidirse y realmente están viviendo sus vidas como una mentira! Muchos pueden ser encontrados en las iglesias alrededor del mundo. El Libro de la Roca Sólida tiene mucho que decir sobre estos individuos en el último libro Apocalipsis, capítulos 2 y 3. Otra palabra para estos individuos es hipocresía en acción. Ellos montan la valla. Ellos no están seguros de querer renunciar a los tesoros terrenales para obtener una relación con Jesús. Son los crédulos que fácilmente influyen en uno de los grupos religiosos menos exigentes. El verdadero cristiano es un oyente de la palabra y un hacedor de la palabra. Uno que camina la charla. Los verdaderos cristianos son aquellos que se esfuerzan por vivir una vida piadosa, conociendo y aplicando las verdades de las escrituras.

Los verdaderos cristianos también tienen un Escudo de Fe que los protege de otras formas de creencias erróneas que conducen a la destrucción.

Otros grupos religiosos son vulnerables a los engaños de este sistema mundial que es gobernado por Satanás, quien es el padre de todas las mentiras. Por otro lado, los cristianos tienen los pies en la tierra, y aquellos que se mantienen con los pies en la tierra pueden evitar las trampas de Satanás.

Hazte estas preguntas. Cuando llegan las dudas, ¿su religión le proporciona alivio? ¿Y las ansiedades? ¿Cómo te ayuda tu religión a lidiar con ese problema? ¿Qué hay de las penas, los desafíos personales, los quebrantamientos, el miedo, la inseguridad y muchas más incógnitas desconcertantes que aparecen en la vida y para las que no estás preparado? Sabiendo esto, puedes ver por qué construir la verdad real en tu vida es lo que Dios quiere que hagas. ¡Por qué es tan importante tener una base segura y sólida para todo lo que necesitas saber para saber realmente quién eres y hacia dónde vas! Que tu primer paso sea que realmente desees conocer la verdad. Después de ese deseo, necesitas poner esa decisión en acción.

Ahora permítame llevarle a una lista de creencias que pueden darle seguridad y confianza para seguir el estilo de vida cristiano. Si lo haces, sabrás, sin lugar a dudas, ¡Quién eres realmente! A lo largo del Libro Fundamental de la Roca Sólida como creyente, usted encontrará numerosas veces que aparecen palabras importantes a lo largo del Libro. ¿Por qué es esto importante? Cuando comience a estudiar más a fondo, descubrirá la importancia de entender cómo una simple palabra tiene tantos usos diferentes para desarrollar su conocimiento de Quién es Dios y Qué y Cómo quiere Dios que usted viva una vida que lo honre en su caminar diario. Enumerando sólo algunas palabras con el correspondiente número de veces que cada palabra se encuentra en el Libro: Pecado-406; Oración-250-Alabanza 364; Cielo-327/255; Salvación-182; Resurrección-41; Adoración-8629; Ídolos-116; Poder-626; Bautismo-32; Eternidad-48; Infierno-162; Esperanza-130; Perdón-95. No hay otro libro que se haya escrito que pueda igualar el amor infinito de Dios por su pueblo que vive con el Libro Fundacional de la Roca Sólida. Muchas de las palabras se encuentran en versos y no pueden ser usadas en una oración. Si usted puede comprender las vastas características de Dios, ¿cómo podría elegir cualquier otra religión sobre el cristianismo?

Un último desafío del cristianismo a los otros grupos religiosos principales es éste: ¿Cuántas de las creencias anteriores pueden encontrarse en los escritos de cualquiera de esos grupos?

Reflexiones finales para "¿Quién te crees que eres? "

Al repasar este manuscrito, piensa que puedes haber encontrado varias sugerencias provocadoras que te llevarán a la noción de que ahora puedes empezar a saber quién eres. Continúa pensando en términos de tener una base sólida de verdades en las que finalmente puedes depositar tu confianza y que te ayudarán a guiar tu vida hasta el final. Varias preguntas que aún debes hacerte deben ser las siguientes ¿Tiene tu religión elegida una base sólida que defina tu verdadera identidad? ¿Tiene su religión un libro que proporciona instrucción, conocimiento y enseñanza de las creencias que debe seguir como creyente? ¿Se le instruye para que lea diariamente su libro de instrucciones? ¿Tiene tu religión un libro al que puedas acudir cuando estés deprimido y necesites un amigo que te levante y te anime a no parar sino a seguir adelante? ¿Te da tu libro atención cuando la necesitas sin pedirla?

Espero que estas preguntas te ayuden en tu elección de definir sinceramente ¡Quién te crees que eres! El Libro Fundacional de la Roca Sólida fue escrito muchos, muchos años antes de que cualquier grupo religioso importante comenzara a organizarse. Este libro predijo el desarrollo de muchos de los principales grupos religiosos comparando los tesoros terrenales (Inteligencia, Filosofía, Psicología) con los tesoros celestiales (El Reino de Dios) desde el principio de los comienzos. Estos grupos ideológicos vendrían a destruir lo que Dios había previsto para su pueblo. Un tema importante para recordar es que TÚ fuiste creado por el Autor y Finalizador de todo lo que existe y existirá en este mundo.

Recuerde esto: El verdadero cristiano cree y vive de acuerdo con el Libro de Instrucción de la Roca Sólida. El verdadero cristiano sabe quiénes son. Ellos saben quienes son, lo que son, y lo que están haciendo. ¡Ellos saben quiénes son! Tú también puedes. Es una cuestión de elección. "Pero el que guarda su palabra, en él verdaderamente se perfecciona el amor de Dios; en esto sabemos que estamos en él" 1 Juan 2:5 RVR. Las creencias fundamentales incluyen que "Toda la Escritura es inspirada por Dios, y es útil para enseñar, para reprender, para corregir, para instruir en la justicia". 2 Timoteo 3:16 RV El verdadero cristiano cree que la Palabra de Dios es inspiradora, infalible e inerrante desde el principio hasta el final del Libro Fundamental de la Roca Sólida.

Cualquiera que necesite y quiera saber Quién se cree que es, necesita tener una Misión, una Visión y un Propósito para vivir. De lo contrario, ¡está en una autopista a ninguna parte! Para el verdadero cristiano, la Declaración de Misión es: "Ir por todo el mundo y predicar el Evangelio a toda criatura. "La declaración de la Visión es tener una relación con Dios intencionalmente, y la declaración del Propósito es ser Su embajador, viviendo una vida de integridad mientras sirve a otros.

Mi punto de vista es que cualquier persona que sepa quién es debe seguir estas instrucciones:

Que siempre tenga una mente a través de la cual Cristo Jesús piense; que siempre tenga un corazón a través del cual Jesucristo ame; que siempre tenga una voz a través de la cual Cristo Jesús hable; que siempre tenga una mano a través de la cual Cristo Jesús ayude; y sobre todo, que sea un vaso dispuesto a través del cual Cristo Jesús viva.

"¿Quién te crees que eres?"

Descargo de responsabilidad

Fred y yo te animamos a que registres tus pensamientos.

¿Qué descubriste de tí mismo al leer este libro?

¿Qué parte de este libro le impactó más?

¿Le ha inspirado este libro para reflexionar sobre sus fundamentos para vivir?

¿Ha podido captar la creencia de que la gente hace lo que ve que hacen los demás sin una base sólida para hacerlo? Dos ejemplos: ¡fumar y beber! ¿Qué fundamento tienen para realizar estos comportamientos?

APÉNDICE:

Sus notas - ¡Preguntas y respuestas!

¿Define qué es una base sólida? Una base apoyada en una estructura.

¿En qué se basan tus decisiones?

¿Qué hace que una base sea sólida?

¿Cuál es otra palabra para desnudez? __________Oscuridad_______________.

¿Quién te hizo?

¿Qué te define?

¿Qué es el humanismo?

¿Qué es el intelectualismo?

¿Qué es el espiritismo?

¿Qué es lo que le hace venerable para su toma de decisiones?

Antes de unirse a un grupo religioso, ¿qué hay que saber?

¿Cuál fue la razón por la que algunos individuos dejaron su grupo religioso por otro?

¿Definir a las personas reales?

¿Qué es la verdad?

¿Qué fuente literaria puede darle TODAS las respuestas a la cuestión de la vida?

Recursos

Puede resultar difícil de creer que no se hayan utilizado recursos directos para elaborar este manuscrito. Las fuentes provienen de experiencias personales. Muchas ideas provienen del material de lectura diaria que se encuentra en los devocionales. Una de las fuentes utilizadas fue, por supuesto, Internet. Se pueden ver y evaluar tantas cosas que se ajustan a tu punto de vista que aceptas algunos de los mensajes que se ven en la pantalla y empiezas a formar tu propio punto de vista. Estos mensajes de la pantalla de Google proporcionan estímulos para comenzar su proceso de pensamiento, donde el Espíritu Santo entra en acción, y su proceso de pensamiento explota con preguntas y respuestas que producen mensajes escritos para usted mismo para su uso posterior. Para este escrito no se utilizaron más libros que la Biblia, la Versión King James (KJV) y la Versión Estándar en Inglés (ESV).

Varias fuentes vistas en Google que probablemente deberían ser señaladas aquí fueron las encuestas de Pew Research y The Barna Group. Muchas ideas resultaron de escuchar mensajes de

Pastores, conversaciones de estudios bíblicos, programas de televisión y conexiones con BSF y las conversaciones de Gideon's International. Pido a los pastores puntos de vista, así como a muchos conocidos.

Toda la estructura y el formato se desarrollaron a través de mí pidiéndole al Espíritu del Aguante que fuera mi guía. Para dirigir mis pensamientos que eran gratificantes para llegar al fin deseado cuando este trabajo fue terminado. Si usted puede evaluar este manuscrito, la evidencia debe ser clara que este manuscrito fue desarrollado de principio a fin.

Créditos:

Historia de Philip Van Elist-Sitio web foclonline.org

Dan Pagels - goodreads.com

Andrew Klavan - andrewklavan.com

Allan Sandage - es.wikipedia.org

Erik Lennestaal - Army.com

Richard Vozniak - Christian-faith.com

Nabeel Qureshi - answering-islam.org

Lisa Barlow - www.cru.org

www.ingramcontent.com/pod-product-compliance
Lightning Source LLC
LaVergne TN
LVHW050340160826
845677LV00014B/3715

* 9 7 9 8 3 5 5 5 4 4 0 8 9 *